AF460126

LES AMOURS
DE TEMPÉ,
BALLET HEROÏQUE,
EN QUATRE ENTRÉES.

REPRÉSENTÉ

POUR LA PREMIERE FOIS,

PAR L'ACADÉMIE ROYALE

DE MUSIQUE,

Le *Mardy* 7 *Novembre* 1752.

PRIX XXX SOLS.

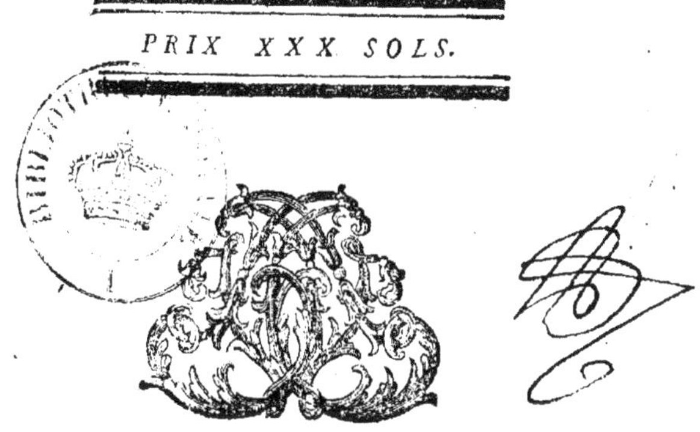

AUX DÉPENS DE L'ACADÉMIE.

A PARIS, Chez la V. DELORMEL & FILS, Imprimeur de ladite Académie, rue du Foin, à l'Image Ste. Geneviéve.

On trouvera des Livres de Paroles à la Salle de l'Opéra.

M. DCC. LII.

AVEC APPROBATION ET PRIVILEGE DU ROY.

Les Paroles de feu M. * * *

La Musique de M. D'AUVERGNE.

LE BAL,

OU

L'AMOUR DISCRET.

PREMIERE ENTRÉE.

ACTEURS CHANTANS

Dans les Chœurs.

CÔTE' DU ROI.		CÔTE' DE LA REINE	
Mesdemoiselles.	*Messieurs.*	*Mesdemoiselles.*	*Messieurs.*
Dun.	Lefebvre.	Rollet.	S. Martin.
Tulou.	Le Page, C.	Daliere.	Gratin.
Delorge.	Marotte.	Masson.	Le Mesle.
Larcher.	Levesque.	Gondré.	Chaboud.
Cazeau.	Fel.	Héry.	Le Vasseur.
LeTourneur	Le Roy.	Duval. 1re.	Chapotin.
La Croix.	Selle.	Sallaville.	Favier.
Duval. 2e.	Roze.	Adelaïde.	Feret.
Gaultier.	Robin.	Lachanterie	Du Perrier.
DeS.Hilaire	Antheaume.	Dauger.	Lombard.
			Laurent.

ACTEURS

SILVANDRE,	Mr. De Chassé.
DORIS,	Mlle. Fel.

MASQUES DE DIFFÉRENS CARACTERES.

PERSONNAGES DANSANS.

MASQUES DE DIFFERENS CARACTERES.

Polonois, Mr. LELIEVRE. *Polonoise*, Mlle. LABATTE.

Un Turc, Mr. TESSIER.

Espagnol, Mr. Galigny. *Espagolette*, Mll. Chevrier.

Grec, Mr. Bourgeois. *Grecque*, Mlle. Victoire.

Indien, Mr. Caiez. *Indienne*, Mlle. Parquet.

Turc, Mr. Gobert. *Turquesse*, Mlle. Courar.

More, Mr. Desplaces l. *Moresse*, Mlle Ponchon

EGYPTIENS, EGYPTIENNES.

Mlle. RAY.

Mrs. BEAT & GALIGNY.

Mlle. CARVILLE.

Mrs. Feuillade, Hyacinte, Desplaces c.

Mlles. St. Germain, Sauvage, Desiré, Deschamps, Couppé, Marquise.

LE BAL, OU L'AMOUR DISCRET.

PREMIERE ENTRÉE.

Le Theâtre repréſente une Salle de Bal.

SCENE PREMIERE.

SILVANDRE *un maſque à la main*, LES HABITANS DE TEMPÉ, *ſous différens déguiſemens.*

CHŒUR.

RIS & Jeux que l'hiver raſſemble
Dédommagez-nous des beaux jours.
Volez avec les Amours.
Brillez, triomphez enſemble.

On danſe.

SILVANDRE.

Regnez à jamais nuit charmante :
Vous nous servés mieux que le jour :
Que la vive clarté qui vous rend si brillante,
Se ranime, sans cesse, aux flâmes de l'Amour.

On danse.

CHŒUR.

Suivons l'Amour, c'est lui qui nous appelle,
Donnons l'essor à nos désirs.
Chantons, dansons, volons de belle en belle :
Courons, volons à de nouveaux plaisirs.
La nuit endort les jaloux.
Les Amours veillent.
Tandis qu'ils sommeillent,
Volés Amours, conduisés-nous.

Les Masques vont se repandre dans les autres Salles du Bal.

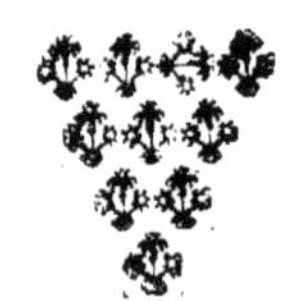

SCENE II.

DORIS *en* EGYPTIENNE, *un masque à la main.*

SAisissons cet heureux moment.
Silvandre m'a déja parlé, sans me connoître,
Sous ce nouveau déguisement.
Il n'est que trop aimé : mérite-t'il de l'être ?

J'ai vû jusqu'à ce jour les soins de mon vainqueur,
Sans que mon trouble m'ait trahie ;
Quel plaisir (s'il m'aimoit au gré de mon envie)
De l'instruire de son bonheur.
L'instant le plus doux de la vie,
Est l'instant où l'on dit le secret de son cœur.

Elle remet son masque.

Allons... mais je le vois paroître.

SCENE III.

SILVANDRE, DORIS, *masquée.*

DORIS.

JEune Inconnu quel soin vous arrête en ces lieux ?
Fuyez-vous les plaisirs & tous ces nouveaux jeux,
Qu'ici chaque instant fait renaître ?

SILVANDRE.

D'une jeune beauté j'adore les appas :
Mon cœur toujours tendre & fidéle,
Cherche envain aujourd'hui la trace de ses pas.
Le plaisir à mes yeux ne s'offre qu'avec elle,
Il s'envôle des lieux où je ne la vois pas.

DORIS.

De votre amour, du moins, vous parlez sans mistere.

Un Amant assuré de plaire.
Sans contraindre son cœur, laisse éclater ses feux.
En ce tems, on ne trouve guere
Que quelques Amans malheureux,
Qui mettent leur gloire à les taire.

SILVANDRE.

Je céde hélas ! au sentiment.
Je vous peint malgré moi le trouble de mon ame.
Vous auriez ignoré ma flâme,
Si j'étois plus heureux Amant.

Ah ! si la Beauté que j'aime
Combloit mes vœux, un jour, par un aveu flatteur,
Malgré ma tendresse extrême,
Je cacherois si bien ma gloire & mon bonheur
Qu'elle en douteroit elle-même.

DORIS.

Vous soupirez sans être aimé ?
Formez des nœuds plus doux, & brisez votre chaîne.

Dans le cœur d'un objet, à plaire, accoûtumé,
Un feu vif s'enflamme avec peine
Quand les premiers soupirs ne l'ont point allumé.

Vous soupirez sans être aimé ?
Formez des nœuds plus doux, & brisez votre chaîne.

SILVANDRE.

Non, non, connoissez mieux mon cœur,
Il ne sauroit être volage.
Non, pour briser jamais la chaîne qui l'engage,
Il y trouve trop de douceur.

Je me plais dans mon esclavage,
Et je jouis de ma langueur.
Je sens, du moins, dans mon malheur
Qu'on ne peut aimer d'avantage.

Non, non, &c.

DORIS.

Ah ! vous méritez d'être heureux.
Un amour si constant, une flamme si tendre,
Doit toucher un cœur généreux.
Ah ! vous méritez d'être heureux,

Il ne vous reſte qu'à l'apprendre,
De l'objet même de vos feux.

Elle ſe démaſque.

SILVANDRE à ſes pieds.

Quoi c'eſt vous que je viens d'entendre!
C'eſt Doris qui comble mes vœux?

DORIS & SILVANDRE.

Que notre chaîne ſera belle!
Ah! que mon deſtin ſera doux!
Je vivrai, je mourrai fidelle
Je ne reſpire que pour vous.

On entend un Prélude.

DORIS.

On vient: que les regards d'une troupe indiſcrete
Dans le fond de nos cœurs ne pénétrent jamais.
Sentons le prix & les attraits.
D'une félicité ſecrette.

SCENE DERNIERE.

DORIS, SILVANDRE, MASQUES EGIPTIENS, ET *LES AUTRES MASQUES DU BAL.*

CHŒUR.

LE tems s'envole & se partage.
Chaque saison regne à son tour.
Pour nous tous les tems & chaque âge
Sont le regne de l'Amour.

On danse.

DORIS.

Amours sous mille traits rians,
Voltigés, folâtrés sans cesse:
Les jeux vous rendent plus charmans.

Quelques légers déguisemens
Raniment vos attraits, sans blesser la tendresse.
Bien souvent une heureuse adresse
Trompe les yeux jaloux & sert les vrais Amans.

Amours sous mille traits rians,
Voltigés, folâtrés sans cesse :
Les jeux vous rendent plus charmans,

On danse.

FIN DE LA PREMIERE ENTRÉE.

LA FESTE DE L'HIMEN,
OU
L'AMOUR TIMIDE.

SECONDE ENTRÉE.

ACTEURS.

DAPHNIS. } *Bergers*	Mr. Jeliote.
PHILEMON. } *Bergers*	Mr. Gélin.
TÉMIRE, *Bergere*,	Mlle Fel.
LE GRAND PRESTRE DE L'HYMEN,	Mr. Poirier.

PRESTRES DE L'HYMEN.

BERGERS & BERGERES.

PERSONNAGES DANSANS.

BERGERS & BERGERES.

Mlle. PUVIGNÉE.

Mrs. Hamoche, Caiez, Lelievre, Bourgeois.

Mlles. Dazenoncour, Fonchon, Deſchamps, Courar.

PASTRES & PASTOURELLES.

Mrs. LANY & GALYGNY.

Jeunes Paſtres. Mr. BEAT. Mlle. RAY.

Vieux Paſtres. Mr. HYACINTE. Mlle. VICTOIRE.

Mrs. Deſplaces, c. Gobert.

Mlles. Chevrier, Marquiſe.

LA FESTE

LA FÊTE DE L'HIMEN, *OU* L'AMOUR TIMIDE.

DEUXIÉME ENTRÉE.

Le Theâtre représente le Péristile du Temple de L'HIMEN. *Les côtés sont des arbres d'un verd tendre, à travers lesquels on découvre des prés émaillés de fleurs.*

SCENE PREMIERE.

DAPHNIS.

RÉS fleuris, ô Tempé, vallon délicieux,
Ne verrez-vous jamais le bonheur où j'aspire?
L'Amour seul regne dans ces lieux:
Rien n'y languit, & j'y soupire.

Nos Bergers, qu'en ce Temple, un doux espoir attire,
Vont tous faire éclatter leurs secrets amoureux.
Le Prêtre de l'Himen qu'ils doivent en instruire,
S'apprête à couronner leurs feux.
Plus tendre helas! & moins heureux,
Quels secrets aurai je à lui dire?
Prés fleuris, ô Tempé, Vallon délicieux,
Ne verrez-vous jamais le bonheur où j'aspire?
L'Amour seul regne dans ces lieux,
Rien n'y languit, & j'y soupire.

SCENE II.

PHILEMON, DAPHNIS.

PHILEMON.

CRois-tu, qu'en ce jour, cher Daphnis,
Notre Bergere se déclare? .....
Quelque soit le destin que son choix nous prépare,
Ah! Jurons nous, du moins, d'être toujours unis.

DAPHNIS.

On sçait dans nos Hameaux adorer sa maîtresse,
Sans cesser d'aimer son rival.

Tout y sert l'amitié, jamais rien ne l'y blesse,

Jamais, ici, la haine, aux feux de la tendresse
Ne mêle son poison fatal.

On sçait dans nos Hameaux adorer sa maîtresse,
Sans cesser d'aimer son rival.

PHILEMON.

Dans ce Temple, sans doute un doux espoir t'amene:
Quels secrets viens-tu révéler ?

DAPHNIS.

Eh ! Que dirois-je d'une chaîne
Dont j'ai toujours craint de parler ?

Je meurs de ma langueur extrême,
Et la belle Témire ignore mes transports.
Auprès d'elle, arrêté par un charme suprême,
Ma bouche se refuse à mes tendres efforts ;
Mes yeux seuls disent que je l'aime.

PHILEMON.

De mes feux en tremblant je parlai l'autre jour ;
Tu quittois alors ma Bergere,
Dans ses yeux attendris je crus voir de l'amour :
Cher Daphnis, je crains ; mais j'espere.

DAPHNIS.

Ce jour, (de tes jours le plus beau)

Je croyois être seul, & trop occupé d'elle;
Je gravois (en chantant) cette chanson nouvelle,
Sur l'écorce d'un jeune ormeau.

» Chantez, oiseaux, chantez que vous êtes heureux!

» Rendez grace à l'Amour, qui prévient tous vos vœux,
» Des ramages qu'il vous inspire.
» Vous êtes toujours amoureux,
» Sans craindre jamais de le dire.

» Chantez, oiseaux, chantez que vous êtes heureux!

PHILEMON.

Peut-être en ce moment Témire?...

DAPHNIS.

Témire m'écoutoit.

PHILEMON.

Ah! Quel bonheur pour toi!
Eh!.. tu saisis l'instant que l'Amour faisoit naître.

DAPHNIS.

De mon trouble fus-je le maître?
J'effacai la chanson, & je fuis malgré moi....
O Dieux! C'est-elle que je voi.

Il court au fond du Theâtre où Philemon le suit.

SCENE III.

TÉMIRE, DAPHNIS, PHILEMON,
Tous deux au fond du Théâtre.

TÉMIRE.

Brillez avec les fleurs dans ces belles retraites,
Volez plaisirs, volez, hâtez votre retour.
La Fête de l'Himen qu'annoncent nos muzettes,
Est le triomphe de l'Amour.

PHILEMON, qui avance le premier.

Témire cesse-t'elle, enfin de se défendre ?
Quand on chante l'Amour, craint on ce Dieu charmant ?

DAPHNIS.

Les accens d'une voix si tendre,
Présagent le choix d'un Amant.

TÉMIRE.

Dans nos bois
Une Bergere
De l'Amour ne craint point les loix.
Dans nos bois
Une Bergere

S'engage, ſans peine, une fois.

Mais au Berger qu'elle préfere,
Elle ne déclare ſon choix,
Que lorſqu'elle eſt ſure de plaire.

PHILEMON.

L'Amour triomphe dans vos yeux,
Ils ſont le trône de ſa gloire.
Il n'y paroît jamais que ſûr de la victoire,
Et le plus aimable des Dieux.
L'Amour triomphe, &c.

TÉMIRE, en l'interrompant.

En flattant moins on ſéduit mieux.

Un ſoupir en dit davantage
Que tous les vains détours de l'art.
Le cœur ſe peint dans un regard,
Un ſilence timide eſt ſon plus doux langage.

PHILEMON.

C'eſt ainſi que juſqu'à ce jour.
Daphnis vous a dit qu'il vous aime.

DAPHNIS.

Pergere... Philemon .. mérite un doux retour;
Puiſqu'il brûle pour vous, ſa tendreſſe eſt extrême...
Je le ſens trop par mon amour.

PHILEMON.

Prononcez entre-nous, aimez à votre tour.

DAPHNIS.

Notre amitié, toujours paisible,
Verra, sans s'alterer, le sort qui nous attend.

TÉMIRE.

Aux cœurs faits pour ce nœud charmant,
Tout devient facile, ou possible.
Qu'un ami bien sensible,
Doit être un tendre amant.

On entend un Prelude.

PHILEMON.

On vient.... de notre sort que Témire décide.

TÉMIRE.

Mon cœur qui dans ce Temple & m'entraîne & me guide.
Ne craint plus de se déclarer.
à Philemon.
J'étois incertaine & timide
Vos soins en m'éclairant, on sçu me rassurer.

SCENE IV.

DAPHNIS, TÉMIRE, PHILEMON,

BERGERS & BERGERES qui viennent célébrer la Fête de L'HYMEN.

CHŒUR.

LEs volages Amans de Flore
Regnent dans nos champs à leur tour.
Les jeux & les fleurs vont éclore.
Temple auguste, ouvrez-vous aux désirs de l'Amour.

SCENE V.

LE GRAND PRESTRE *de l'HYMEN*, *PRESTRES*, TÉMIRE, DAPHNIS, PHILEMON,

BERGERS & BERGERES.

LE GRAND PRESTRE de L'HIMEN.

L'HIMEN dans ce séjour, n'est jamais redoutable.
Bergers à ce Dieu favorable,
Venez-tous déclarer vos vœux.
Il n'enchaîne les cœurs que pour les rendre heureux,
Et l'Amour n'est pas plus aimable.

Les jeunes BERGERS & les jeunes BERGERES témoignent par leurs danses le désir qu'ils ont d'être unis.

PHILEMON.

SCENE V.

LE GRAND PRESTRE *de l'Hymen*, *Prestres*, TÉMIRE, DAPHNIS, PHILEMON, *Bergers & Bergeres.*

LE GRAND PRESTRE *de l'Himen.*

L'Himen dans ce séjour, n'est jamais redoutable.
Bergers à ce Dieu favorable,
Venez-tous déclarer vos vœux.
Il n'enchaîne les cœurs que pour les rendre heureux,
Et l'Amour n'est pas plus aimable.

Deux Bergers en dansant se disputent une Bergere, après avoir balancé, elle se détermine pour l'un des deux.

DAPHNIS *au Grand Prestre.*

La jeune beauté qui m'enflame
Fait triompher l'Amour, & ne lui céde pas;
Il brille dans ses yeux, il vole sur ses pas,
Ne peut-il regner dans son ame ?

Qui la voit un instant, vit toujours sous sa loi.
Il n'est point de Bergere aussi charmante qu'elle;
Mais il ne fut jamais de Berger plus fidele,
Ni si tendre que moi.

La jeune beauté qui m'emflame,
Fait triompher l'Amour, & ne lui céde pas;
Il brille dans ses yeux, il vole sur ses pas:
Ne peut-il regner dans son ame?

Une Habitante de TEMPÉ *mene un jeune Berger, qui la suit avec peine. Un Pastre deja sur le retour conduit une jeune Bergere, qui se laisse mener avec répugnance. Le Berger & la Bergere se regardent. Leur cœurs sont bientôt d'intelligence. Ils echapent des mains de leurs conducteurs & dansent ensemble. Ceux-ci veulent les separer; mais le Berger & la Bergere font si bien qu'ils les engagent à les laisser & à s'unir eux-mêmes.*

TÉMIRE.

» Chantés, Oiseaux, chantés, que vous êtes heureux!
» Rendez grace à l'Amour qui prévient tous vos vœux;

» Des ramages qu'il vous inspire.
» Vous êtes toujours amoureux,
» Sans craindre jamais de le dire.
» Chantés, Oiseaux, chantés, que vous êtes heureux !

PHILEMON.

Ah! Daphnis!

DAPHNIS.

Quel espoir !

LE GRAND PRÊTRE à Témire.

Aimez, aimez comme eux.
S'il est quelque Berger que votre cœur préfere,
Ne craignez point de le nommer.
Pourriez-vous douter de lui plaire ?
S'il vous a vûe il doit aimer.

TÉMIRE.

Philemon.

PHILEMON. } Vous m'aimez !
DAPHNIS. } Vous l'aimez !

THÉMIRE.

Bergers daignez m'entendre;
Philemon par vos soins j'ai connu dans ce jour,
en montrant Daphnis.
Un secret, que son cœur avoit craint de m'apprendre.
Je vous offre à jamais l'amitié la plus tendre;
Mais Daphnis a tout mon amour.

DAPHNIS. & PHILEMON.

O Ciel !

DAPHNIS.

Temire.... à ce charmant retour!
Comment aurois-je pû m'attendre.

LE GRAND PRÊTRE seul, & ensuite avec le CHŒUR.

Il unit Daphnis & Thémire, les Bergers & les Bergeres.

Le bonheur s'offre à {vos / nos} desirs.
Dans les bras de l'Himen c'est lui qui {vous / nous} appelle.
Les nœuds d'une chaîne fidelle
Peuvent seuls fixer les plaisirs.

Le bonheur s'offre, *&c.*

LE GRAND PRÊTRE & sa suite rentrent dans le Temple.

On danse.

FIN DE LA DEUXIÉME ENTRÉE.

L'ENCHANTEMENT FAVORABLE,

OU

L'AMOUR GÉNÉREUX.

TROISIÉME ENTRÉE.

ACTEURS.

ELÉMIRE *Fée des Bords du* PENE'E.	Mlle. Chevalier.
HELLÉ, *Fée de la ſuite d'*ELÉMIRE.	Mlle. Dubois.
TERSSANDRE, *jeune* TESSALLIEN.	Mr. de Chaſſé.
TELANOR, GENIE *du* FEU.	Mr. Perſon.

OMBRES D'AMANTS LEGERS.

ESPRITS *de la ſuite d'*ELÉMIRE.

ESPRITS, *du feu de la ſuite de* TELANOR.

PERSONNAGES DANSANS

OMBRES D'AMANTS LEGERS.

Mr. DUPRE'.

Mr. VESTRIS. Mlle. VESTRIS.

Mlle. LANY.

Mrs. Dupré, Feuillade, Gobert, Hyacinte, Deſplaces l. Deſplaces c.

Mlles. Thiery, Deſiré, Ponchon, Coupé, Marquiſe, Chevrier.

L'ENCHANTEMENT FAVORABLE,
OU
L'AMOUR GÉNÉREUX.
TROISIÉME ENTRÉE.

Le Théatre represente la chute du Fleuve PENÉE, *entre les Monts* OSSA *&* OLIMPE. *Les deux côtés sont des Campagnes riantes, coupées par le detour du Fleuve.*

SCENE PREMIERE.
ELÉMIRE, HELLÉ.

HELLÉ

Imés charmante Fée, il est tems de vous rendre;
Immolez à l'amour un reste de fierté:
La gloire d'avoir résisté,

Ne vaut pas les plaisirs qu'on perd à se défendre.

ELÉMIRE.

Eh ! que peut la fierté sur un cœur amoureux ?
Terssandre est tout pour moi, puisqu'il a sçû me plaire.

HELLÉ.

De votre rang & de vos feux,
Pourquoi donc lui faire un mystere !

ELÉMIRE.

Connois l'excès de mon malheur.

Du jaloux Telanor je dédaignois l'ardeur,
L'Amour sçut éclairer ce Génie inflexible:
Ecoute l'arrêt terrible,
Que lui dicta sa fureur.
» Le Printems va finir, crains la saison nouvelle,
» Elémire, dit-il, tremble à chaque moment,
» Pour ta flame, où pour ton amant;
» Il mourra s'il n'est infidelle.

HELLÉ.

O Ciel ! quel rigoureux tourment !
Il faut qu'il meure ou vous trahisse.

ELÉMIRE.

Pour empêcher qu'il ne périsse,
Que je crains d'agir vainement.

Le

Le Penée amoureux, ſur ſa rive fleurie,
Ne voit point d'amante trahie,
Fatiguer de ſes cris, les échos d'alentour.
Chaque amant, de ſes fers enchanté pour la vie,
N'y coûte qu'un trait à l'Amour.

HELLÉ.

Hatez vous d'employer, dans ce péril extrême,
Tout ce qui peut briſer ſes nœuds.
Le ſupplice le plus affreux,
Eſt de voir périr ce qu'on aime.

ELEMIRE.

J'ai fait juſqu'à ce jour un inutile effort;
Froideur, haîne, mépris, j'ai tout mis en uſage.

HELLÉ.

Mais enfin, s'il ſavoit quel doit être ſon ſort?

ELEMIRE.

Un Amant malheureux peut-il craindre la mort?....
Il me reſte un eſpoir qui ſoutient mon courage.
Hélas! quel ſera mon partage?
Que de larmes ſuivront les pleurs qu'il m'a couté!
La mort ſera le prix de ſa fidélité,
Et je ne puis mourir, ſi je le rend volage.

O! Vous que l'inconſtance a ſéduit autrefois;
Amans volages, mais ſinceres,
Qui, ſur les ſombres bords ſuivrez toujours ſes loix.

Percez la terre ; Ombres legeres,
Quittez l'Elizée à ma voix.

Les Ombres des Amants légers paroissent.
On voit un voile sur un buisson.

SCENE II.

ELEMIRE, HELLÉ, OMBRES D'AMANTS LEGERS & D'AMANTES VOLAGES.

CHŒUR.

Quel charme puissant nous attire ?...
Nous voyons reluire
Le flambeau du jour.
Soleil, Astre éclatant, dans notre heureux Empire,
On voit toujours briller le flambeau de l'Amour.

ELEMIRE.

Contre un fidele Amant que j'aime
Mon art, de vos efforts, implore la faveur :
Je veux triompher dans son cœur
De son penchant & de moi-même.

Les Ombres commencent un charme pour seconder ELEMIRE.

ELEMIRE *& le Chœur.*

Amour veux-tu, comme la haîne,
Regner ſur des cœurs malheureux.
Si tu ne peux
Remplir leurs vœux,
Briſe leur chaîne,
Eteins tes fœux.

Les Ombres continuent le charme.

ELEMIRE.

Palmire regne dans ces lieux ;
Je tiens en mon pouvoir ſa main & ſon Empire.
Que ce voile miſtérieux
Trompe mon Amant même & ne m'offre à ſes yeux
Que ſous les traits charmans de la jeune Palmire.

Les Ombres enchantent le Voile.

ELEMIRE, *après l'enchantement, en ſe ſaiſſiſſant du Voile.*

Tendre Amour, de Palmire embellis les appas :
Prête à ſes traits le feu dont mon ame eſt remplie ;
C'eſt aſſez pour mon cœur, ſi mon Amant hélas !
Me doit ſon bonheur & la vie.

Il vient, diſparoiſſez.

Les Ombres diſparoiſſent.

SCENE III.

ELEMIRE, HELLÉ.

ELEMIRE.

Toi vole ſur ſes pas.
Sous les traits d'une Cour brillante,
Guide ici les Eſprits qui vivent ſous mes loix.
Que tout offre à ſes yeux l'image ſéduiſante,
Du rang que l'Amour lui préſente,
Si ſon cœur fait un nouveau choix.

SCENE IV.

TERSSANDRE.

Vallon toujours chéri de Flore,
Bords paiſibles, riant ſéjour,
Mon eſpoir le plus doux eſt de perdre le jour;
Mais je ne puis mourir ſans vous revoir encore.
Dans ces prés, arroſés des larmes de l'Aurore,
J'apperçus Elemire, & je connus l'Amour.
J'oſai, ſous ces ormeaux, lui parler ſans détour,
Du feu conſtant qui me dévore,

Plus tendre qu'elle, hélas! Ses beaux yeux que j'adore
Me flattoient d'un heureux retour.
Vallon toujours, &c.

SCENE V.

TERSSANDRE, HELLÉ, *Esprits soumis à Elemire, sous les traits des peuples de la Cour de Palmire.*

CHŒUR.

Regne, triomphe Amant heureux.
Que Tempé, que ces bords à ta gloire applaudissent,
Que la jeune Palmire & Terssandre s'unissent;
Qu'il regnent à jamais tous deux.

TERSSANDRE.

Ciel. . . . . le choix de la Reine?

HELLÉ.

Il a comblé nos vœux.

HELLÉ & le Chœur.

Regne, triomphe Amant heureux.
Que Tempé, que ces bords à ta gloire applaudissent,
Que la jeune Palmire & Terssandre s'unissent;
Qu'ils regnent à jamais tous deux.

SCENE VI.

ELEMIRE, *portant le Voile qui l'a fait paroître sous les traits de Palmire, & les* ACTEURS *de la Scene précedente.*

ELEMIRE, sous les traits de Palmire.

PEuples, le Roi que je vous donne
Va partager ses soins entre la gloire & vous.
Mon cœur a fait choix d'un Epoux,
Digne de ma main & du trône.

SCENE VII.

ELEMIRE, TERSSANDRE.

TERSSANDRE.

à part.

QUel son de voix!... Hélas! Tout rappelle à mon cœur,
Le cruel objet de ma flame....

à Elemire.

O Reine! de mon sort connoissez la rigueur,
Tant d'appas auroient dû triompher de mon ame;
Mais un penchant fatal s'oppose à mon bonheur.
J'adore une Nimphe charmante:
O Dieux! Que sa beauté seroit vive & touchante,

Si ſon cœur s'enflamoit un jour !
Il ne manque aux attraits de l'objet qui m'enchante,
Que d'être animés par l'Amour.

ELEMIRE, ſous les traits de Palmire.

J'ai vû ſans m'allarmer le penchant qui vous preſſe.
Les douceurs du retour qu'on eſpere en aimant
Font le charme de la tendreſſe.
L'eſpoir détruit. . . le charme ceſſe,
L'Amant le plus fidelle eſt bien-tôt inconſtant.

Elemire n'eſt que trop tendre.
Un ſuperbe Rival, l'a force à vous bannir.

TERSSANDRE.

O Ciel ! . . . .

ELEMIRE ſous les traits de Palmire.

De ſes fureurs qui pourroit vous défendre ?

TERSSANDRE.

Un autre a donc ſçû l'attendrir ?

ELEMIRE, ſous les traits de Palmire.

Formez une chaîne nouvelle
Dans les bras de l'amour, la gloire vous attend.
Qu'il eſt beau de jouir d'un empire éclattant !
Qu'il eſt doux de bruler d'une ardeur mutuelle !
Formez une chaîne nouvelle.
Dans les bras de l'Amour la gloire vous attend.

TERSSANDRE.

L'ingratte! Eh! Qui pourra l'aimer comme je l'aime!

ELEMIRE, *sous les traits de Palmire.*

L'Amour vous reservoit un sort plus glorieux.

TERSSANDRE.

L'empire de l'univers même
M'auroit été moins cher; qu'un regard de ses yeux.

ELEMIRE, *sous les traits de Palmire.*

Une ingrate mérite un Amant infidelle;
Il faut changer pour la punir.

TERSSANDRE.

Toute ingratte qu'elle est, je ne puis aimer qu'elle!
Elle aura mon dernier soupir.

ELEMIRE. *sous les traits de Palmire.*

Tu me perces le cœur, cruel!...... Mais tu me charmes.
Un sentiment si doux se mêle à mes douleurs,
Qu'il enchante mes sens, & suspend mes allarmes!....
Ah!... Terssandre!... O destin!... Je t'adore, & tu meurs!...

TERSSANDRE.

Où suis-je?.. o Dieux?... Comment résister à ses pleurs?....

Je

Je ſens que j'adore Elémire ;
Cependant votre voix à des charmes ſi doux....
A mes tranſports divers, mon cœur ne peut ſuffire,
Ils m'entrainent à vos genoux.
Je ſens que j'adore Elémire ;
Je ne vis que pour elle, & je mourrois pour vous.

Un bruit ſemblable aux éclats du Tonnere ſe fait entendre.

TERSSANDRE, *ELÉMIRE, ſous les traits de Palmire.*

O Ciel ! d'où naît ce bruit terrible ?
Quelle vapeur trouble les airs.

ELÉMIRE, ſous les traits de Palmire.

Barbare Telanor !... O !.. Genie inflexible !...
Il paroît... c'en eſt fait, cher Amant je te perds.

SCENE DERNIERE.

TELANOR, *ſur un aſſemblage de nuages enflamés, entouré de* GENIES, ELÉMIRE, TERSSANDRE.

TELANOR.

NOn, non, de mes tranſports je ſuis enfin le maitre.
Nos Deſtins ſont remplis, & je céde à vos vœux,

Il est dans les cœurs généreux
Un charme qui nous force à l'être.

ELÉMIRE.

O ! puissant Telanor !... (*à Terssandre en ôtant son voile.*)
Que tu vas être heureux.

TERSSANDRE.

Que vois-je !... ô Ciel !... mon cœur n'a pû vous méconnoître.

TELANOR.

Qu'un don qui les rassemble tous,
Soit le prix d'un amour si tendre.
Esprits heureux, versés un feu pur sur Terssandre ;
Qu'il triomphe, qu'il soit immortel comme vous.

CHŒUR.

Qu'il triomphe, qu'il soit immortel comme nous.

FIN DE LA TROISIÉME ENTRÉE.

LES VENDANGES,

OU

L'AMOUR ENJOUÉ.

QUATRIÉME ENTRÉE.

ACTEURS.

BACHUS. Mr. Jéliote.

HEGEMONE, *Prêtreſſe de l'Amour*. Mlle. Fel.

SILENE. Mr. Cuvilier.

SATIRES, INDIENS, EGYPANS, BACHANTES, PEUPLES *de Tempé*.

PERSONNAGES DANSANS.

FAUNES & BACCANTES.

Mrs. LYONOIS. & VESTRIS.

Mlle. LYONNOIS.

Mrs. Dupré, Feuillade, Gobert, Deſplaces l. Deſplaces c.

Mlles. Deſiré, Sauvage, Ponchon, Couppé. Chevrier.

Silene. Mr. LANY.

PASTRES & PASTOURELLES.

Mlles. LANY, PUVIGNE'E, VESTRIS, RAY.

Mrs. Lelievre, Bourgeois, Beat, Galigny.

Mlles. Dazenoncour, Victoire, Deſchamps. Marquiſe.

LES VENDANGES, OU *L'AMOUR ENJOUÉ.*

QUATRIÉME ENTRÉE.

Le Théâtre représente un Bois de Mirthes. D'un côté on voit dans le lointain des Tentes ornées de Guirlandes de fleurs, & de l'autre une partie du Temple de l'Amour.

La perspective du fond est bornée par des côteaux agréables. On y voit couler des sources vives qui forment des Cascades naturelles.

SCENE PREMIERE.

BACHUS & *sa suite*, SILENE.

BACHUS.

De Tempé calmez les allarmes;
Peuples qui me suivés, secondés mes désirs.
Sous ces Mirthes fleuris, quittez quittez vos armes,
Annoncés mes bienfaits, par la voix des plaisirs.

SCENE II.

BACHUS.

REgne Amour, regne ſur la terre.
J'ai ſoumis l'Univers, tu triomphes de moi.
Le fils du Dieu Puiſſant qui lance le tonnerre.
T'adore & n'implore que toi.
Voi Bachus déſormais, ſans trouble & ſans effroi,
Il ne veut dans Tempé que ſoupirer & plaire.
Non: le Vainqueur de l'Inde, enchanté, ſous ta loi
N'a plus pour être heureux qu'une conquête à faire.

Regne Amour, regne ſur la terre,
J'ai ſoumis l'Univers, tu triomphes de moi.
Le fils du Dieu Puiſſant qui lance le tonnerre
T'adore & n'implore que toi.

Dans ces paiſibles bois conſacrés au Miſtere
Ai-je vû Dieu charmant, ta Prêtreſſe ou ta mere?...
O Ciel! Je la revois... C'eſt elle... Que d'appas! ...
Mais il faut me contraindre encore,
Que tout lui parle ici d'un Amant qui l'adore,
Et du pouvoir d'un Dieu qu'elle ne connoît pas.

SCENE III.

HEGEMONE.

VOle de victoire en victoire,
Amour n'épargne que mon cœur.
Des chaînes des amants, je chante le bonheur;
Mais je le chante sans le croire.

Ne puis-je à tes Autels conserver ma fierté ?
Tes traits n'ont point blessé les Graces.
Tu vois, sans la troubler, leur aimable gayeté,
Et les Jeux, qui suivent tes traces,
Gardent encor leur liberté.

Vôle de victoire en victoire
Amour n'épargne que mon cœur
Des chaînes des Amans je chante le bonheur;
Mais je le chante sans le croire.

Quel est donc ce jeune Etranger ?...
Eh ! pourquoi cherchai-je à l apprendre ?
D'un désir curieux je saurai me défendre.
Pour un cœur trop sensible hélas : tout est danger.

On entend un prelude.

Dieux! Quels sons inconnus!....

SCENE IV.

SILENE, INDIENS, EGYPANS, SATIRES, BACHANTES, HEGEMONE.

CHŒUR.

Que mille chants divers
Eclattent & percent les airs :
Qu'ils troublent le repos du séjour du tonnere.
Echos éveillés-vous, repetés nos concerts,
Annoncés un maître à la terre.

SILENE à HEGEMONE.

Cette troupe toujours riante.
Partage les transports du Dieu qui la conduit :
Il soupire pour vous, votre beauté l'enchante.
Vous rendez encor plus brillante
La vive gayeté qui le suit.

On danse.

SILENE à HEGEMONE.

Dans le bel âge
Faites usage
De jours
Trop courts.

Dans

Dans le bel âge,
Heureux qui s'engage
Avec les Amours.

CHŒUR.

Dans le bel âge, &c.

SILENE.

Dans la viellesse
Les momens sont chers, le tems presse;
Mais la vie en a plus d'appas.
Qu'une vive gayté retienne sur vos pas
Les jeux riants de la jeunesse.
Jouissez comme moi. Je ne me souviens pas
D'un instant de tristesse.

SILENE & le CHŒUR.

Dans le bel âge, &c.

On danse.

SILENE & le CHŒUR.

Charmant délire,
Douce fureur.
Non, la raison n'est qu'une erreur:
Tu ne peux trop-tôt la détruire:
Ton triomphe est notre bonheur.
Charmant délire,
Douce fureur.

Un Dieu te ressent & t'inspire :
Entraîne, enchante notre cœur,
Enflamme tout ce qui respire.

HEGEMONE.

Ah ! quels transports tumultueux ! . . .
O Ciel ! que deviens-je moi-même ?

On danse.

HEGEMONE.

Arrêtés . . . .

SCENE V.

BACHUS *& les Acteurs de la Scene précédente.*

BACHUS.

SUspendez vos jeux.
Allez, que ses désirs soient votre loi suprême.

La suite de BACHUS *se retire.*

SCENE VI.

BACHUS HEGEMONE.

BACHUS.

VOus triomphez d'un cœur libre jusqu'à ce jour:
Jouissez de votre victoire.
Je viens, avec transport, mettre aux pieds de l'Amour
Tout ce que j'ai fait pour la gloire.

HEGEMONE.

J'entens, sans m'allarmer, ce langage flateur.
Plus de trouble accompagne une flamme sincere.
En demandant des fers, vous parlez en vainqueur:
Vous n'aimez pas; vous croyez plaire.

BACHUS.

Ah jugez mieux de ma sincérité.
L'instant où vos beaux yeux m'ont forcé de me rendre,
Est le premier instant de ma félicité.
Je vous immolerois encor ma liberté,
Si mon cœur pouvoit la reprendre.

HEGEMONE.

Les jeux les ris ſuivent vos pas.
La gayeté brille-t'elle, où regne la tendreſſe?
Les plus heureux amans, qu'à Tempé, l'amour bleſſe;
De leurs fers murmurent tous bas.
Je vois à ſes autels leurs pleurs & leur triſteſſe.
Qui d'eux, ou de vous n'aime pas?

BACHUS.

Ne peut-on bien aimer ſans répandre des larmes?
Mille tendres oiſeaux ſous cet ombrage frais
Chantent tous, de l'amour, les faveurs & les charmes.
Leurs cœurs s'ouvrent, ſans crainte au-devant de ſes armes,
La joye y vole avec ſes traits.

Un ſort ſi charmant nous convie
A n'imiter qu'eux en aimant.
Eh! pourquoi ſe faire un tourment
Du plus doux plaiſir de la vie?

HEGEMONE, à part.

Quel charme!... Ah! que mon cœur réſiſte foiblement,
Fuyons....

BACHUS.

Que vois-je ! ô Dieux ! vous craignez de m'entendre.

HEGEMONE.

J'en connois le danger, j'aurois dû le prevoir,

BACHUS.

Fuirez-vous l'Amant le plus tendre ?

HEGEMONE à part.

Il falloit ne le pas revoir.

BACHUS.

Ah ! Parlez ! Quel ſort dois-je attendre ?
Voulez-vous me ravir hélas ! juſqu'à l'eſpoir !

HEGEMONE.

Peut-être, je le dois ; .. mais puis-je le vouloir !

De l'Amour je craignois les chaînes,
Je craignois la langueur des plus heureux ſoupirs.
Eh ! Comment penſer à ſes peines ?
Il ne s'offre, avec vous, qu'entouré de plaiſirs.

BACHUS.

Il redouble ma flâmme en comblant mes déſirs.

BACHUS & HEGEMONE.

Que dans le ſein des jeux, l'ardeur qui nous inſpire,
S'enflâme à chaque inſtant du jour.

Songez que le plus tendre amour.
Doit toujours folatrer & rire.

BACHUS.

Le bonheur m'attendoit sous votre aimable empire.
C'est Bachus, c'est un Dieu qui fixe ici sa Cour.

Que ces côteaux rians de mes dons s'enrichissent.
Doux Nectar, jus divin coulez dans ces valons.
Que ces campagnes retentissent.
De mille nouvelles Chansons.

La Vigne chargée de raisins naît, & couvre les Côteaux, les Cascades d'eau qu'on voyoit, sont changées en Fontaines de vin. Les Peuples de Tempé accourent de toutes parts à ce miracle, ils se mêlent avec la Cour de Bachus & vandangent les Vignes qui sont au fond du Théâtre.

SCENE DERNIERE.

SILENE, HEGEMONE, BACHUS.
Suite de BACHUS, *Habitans de* TEMPÉ.

HEGEMONE BACHUS, avec le Chœur.

Chantés } le Dieu de la tendresse.
Chantons }

Chantés } le Dieu de la gayeté.
Chantons }

Aimons toujours, rions ſans ceſſe,
Jamais de triſteſſe
Plus de liberté.

Pendant le Chœur SILENE s'endort ſur des feuillées de Vigne, qui ſont dans le fond du Theâtre. Il eſt éveillé par de jeunes Paſtourelles : ſont enjouëment ſe réveille avec lui ; il danſe d'abord ſeul, puis en pas de deux.

BACHUS.

Verſe Amour le jus de la treille,
Et que Bachus lance tes traits.
Au feu dont brillent nos attraits,
Que tout s'enflame & ſe réveille.
Chantés Amans, chantés cette liqueur vermeille
En chantant l'objet de vos vœux.
Au milieu des ris & des jeux
Qu'un Buveur ſoit plus tendre, & jamais ne ſommeille.
Verſe, Amour, le jus de la treille,
Et que Bachus lance tes traits.

Au feu dont brillent nos attraits
Que tout s'enflame & se reveille.

SILENE forme une Contredanse générale, avec la suite de Bachus, & la jeunesse de TEMPÉ.

FIN.

APPROBATION.

J'Ai lû par ordre de Monseigneur le Chancelier *les Amours de Tempé, Ballet Héroïque*, & je n'y ai rien trouvé qui doive en empêcher l'impression. A Compiegne, ce trente Juillet 1752. DEMONCRIF.

LES AMOURS
DU
PRINTEMPS,
BALLET HEROIQUE.

www.ingramcontent.com/pod-product-compliance
Ingram Content Group UK Ltd.
Pitfield, Milton Keynes, MK11 3LW, UK
UKHW021015180726
13838UKWH00004B/1551

9 782329 342108